LES PENSÉES LES PLUS DRÔLES DES ACTEURS

DU MÊME AUTEUR
CHEZ POCKET

LES RÉPLIQUES LES PLUS DRÔLES DU CINÉMA

JEAN-CLAUDE BRIALY
présente

LES PENSÉES LES PLUS DRÔLES DES ACTEURS

LE CHERCHE MIDI

ISBN 978-2-266-16771-0

Citer les pensées des autres, c'est souvent regretter de ne pas les avoir eues soi-même et c'est en prendre un peu la responsabilité.

Sacha GUITRY

« Tous les hommes sont des acteurs, sauf quelques comédiens », écrivait Sacha Guitry. Il était le maître des bons mots, élevé par un père célèbre, spirituel, entouré du meilleur esprit français : Feydeau, Jules Renard, Tristan Bernard, Capus, Allais. Jacques Prévert et Henri Jeanson ont glissé des merveilles dans la bouche de leurs interprètes. Michel Audiard, Jean-Loup Dabadie, Francis Veber ont contribué à fleurir le dialogue avec talent.

Les comédiens ont un langage singulier, ils se souviennent, improvisent, colorent leur mémoire, citent les formules oubliées, inventent même des phrases drôles, cruelles, qui se répètent, se déforment et deviennent des citations.

Les acteurs deviennent auteurs, ils jonglent comme les enfants avec les mots, leur esprit est vif, tordu, pour faire rire il faut griffer sans blesser.

Marie Bell, à la question : « Née quand ? », répondait, impériale : « Oui. » Louis Jouvet, tendant la main à une demoiselle fâchée, et chuchotant : « Le talent, ça ne s'attrape pas. » Jean Gabin, me confiant : « Je ne tourne pas avec des loquedus, je ne travaille qu'avec des acteurs de première et je me mets en surmultiplié. » Arletty : « Mon premier miroir : la Seine. » Michel

Simon : « Il faut retrouver la fraîcheur de l'enfance. » Jean Marais : « J'ai fait croire que je portais bonheur. » Paul Meurisse : « À la Comédie-Française, le plus dangereux ce sont les coulisses. » Cécile Sorel, à qui on reprochait d'avoir rencontré des Allemands : « Fallait pas les laisser entrer. » Arletty, à son procès : « Mon cœur est français, mon cul est international. » Édith Piaf : « Mon premier amour, c'est le dernier. » Et Jean Gabin, pour conclure : « Moi, j'adore les acteurs ! C'est chouette, les acteurs ! C'est bath, les acteurs ! C'est eux qui traduisent tout. »

Jean-Claude Brialy

EMBRASSEZ
QUI VOUS VOUDREZ

Pour se marier, il faut un témoin. Comme pour un accident ou un duel...

Sacha GUITRY

*

Ne vous fiez pas aux couples qui se tiennent par la main. S'ils ne se lâchent pas, c'est juste parce qu'ils ont peur de s'entretuer.

Groucho MARX

*

L'homme qui croit en toutes les qualités de sa femme se persuade. La femme qui agit de même se rassure.

Pierre BRASSEUR

*

Quand on m'a demandé si je trouvais que l'amour physique était sale, j'ai répondu : « Ça l'est, si on le pratique correctement. »

Woody ALLEN

*

On me demande souvent s'il n'est pas risqué de coucher avec une femme tellement plus jeune que moi. Mais que voulez-vous : si elle meurt, elle meurt !

Tony CURTIS

*

Le pastis, c'est comme les femmes : un, c'est pas assez, trois, c'est trop.

FERNANDEL

*

Certaines femmes sont comme une paire de chaussons. On est bien dedans, mais on a honte de les sortir au restaurant.

Michel GALABRU

*

Si, par nature, l'homme est une bête de sexe, j'ai toujours eu des animaux de compagnie.

Mae WEST

*

Le mariage, c'est quand une femme demande à un homme de retirer son pyjama. Pour le mettre dans la corbeille de linge sale.

Albert FINNEY

*

L'amour, c'est un coup d'œil, un coup de rein et un coup d'éponge.

Sarah BERNHARDT

*

— Vous vous mariez à l'église ?
— Bien entendu.
— Vous avez raison. Tant qu'à faire une connerie, autant la faire en musique.

Jean POIRET

*

En Amérique, le sexe est une obsession. Ailleurs, c'est un fait.

Marlene DIETRICH

*

Puisque le sexe est une chose si naturelle, pourquoi donc publie-t-on tant de livres pour nous expliquer comment ça marche ?

Bette MIDLER

*

Il y a les femmes avec qui l'on fait l'amour et celles avec qui l'on en parle.

Robert LAMOUREUX

*

Pour séduire une femme à tous les coups, dites-lui que vous êtes impuissant. Elle se fera un plaisir de vous prouver le contraire.

Cary GRANT

*

Je ne suis pas une beauté, mais je pourrais apprendre deux ou trois choses à Sharon Stone sur la façon de séduire un homme.

Whoopi GOLDBERG

*

Les hommes qui disent que les femmes sont frigides sont de mauvaises langues.

Sacha GUITRY

*

Les femmes ont besoin d'une raison pour faire l'amour, les hommes ont juste besoin d'un endroit.

Billy CRYSTAL

*

Ce métier que j'essaie d'exercer de mon mieux depuis si longtemps a, dramatiquement, énormément, de points communs avec l'amour. C'est pour ça que je le fais tous les soirs, d'ailleurs ! Et le dimanche en matinée.

Guy BEDOS

*

Je suis une gardienne de maison hors pair. Quand je divorce, je garde la maison.

Zsa Zsa GABOR

*

Fermer les maisons closes, c'est plus qu'un crime, c'est un pléonasme.

ARLETTY

Je ne peux pas me marier. Je suis trop riche pour ça.

Eddie MURPHY

*

Il y a dix hommes qui grattent à ma porte ? Renvoyez-en un : je suis fatiguée.

Mae WEST

*

Le sexe n'est pas la réponse. Le sexe est la question. Et la réponse est oui !

Jim CARREY

*

Pisser, c'est la jouissance du chaste.

Louis JOUVET

*

Dieu a créé l'alcool pour que les femmes moches baisent quand même.

COLUCHE

*

Combien de maris j'ai eus ? Vous voulez dire en dehors des miens ?

Zsa Zsa GABOR

*

L'amour ne fait peut-être pas tourner le monde, mais je dois admettre qu'il rend le voyage intéressant.

Seau CONNERY

*

Le secret d'un mariage réussi, c'est que chacun des conjoints ait sa propre salle de bains.

Catherine ZETA-JONES

*

Depuis quelques années, les femmes qui me font tourner la tête sont surprises par le bruit que fait mon arthrose cervicale.

Michel GALABRU

*

L'amour peut se passer d'estime, pas l'amitié.

ARLETTY

*

L'amour, c'est comme l'andouillette, avec trois A : Amour, Ami, Allié.

Sandrine BONNAIRE

*

Si les hommes aiment les femmes silencieuses, c'est parce qu'ils sont persuadés qu'elles les écoutent.

Sacha GUITRY

*

Aucun de mes maris n'a été suffisamment masculin pour devenir Monsieur Bette Davis.

Bette DAVIS

*

Avant d'épouser quelqu'un, invitez son ex à déjeuner.

Shelley WINTERS

*

Si on veut en savoir plus sur un homme, il suffit de voir avec qui il est marié.

Kirk DOUGLAS

*

On dit que les mariages sont une création du ciel. Mais les éclairs et le tonnerre aussi.

Clint EASTWOOD

*

Si l'on aimait comme on peut haïr, les couples dureraient plus longtemps.

Pierre Brasseur

Idéalement, un couple a besoin de trois vies : une pour lui, une pour elle, et une pour les deux.

Jacqueline BISSET

*

Si j'avais perdu mon sex-appeal, je serais aux objets trouvés à le chercher comme un fou.

Sean CONNERY

*

J'ai un truc pour se souvenir à vie de la date d'anniversaire de votre femme : il suffit de l'oublier une fois !

Michel GALABRU

*

Mon arme préférée, c'est celle du cœur. L'amour, c'est plus long qu'un couteau.

Clémentine CÉLARIÉ

*

À la différence des femmes qui parlent entre elles de leurs amants, les chauffeurs de taxis, eux, ne vous chargent pas quand c'est trop court.

Patrick SÉBASTIEN

*

Les femmes me font autant d'effet que les éléphants : j'aime les regarder, mais je n'en voudrais pas à la maison.

W. C. FIELDS

*

Mon ex-mari m'a avoué qu'il voulait avoir une aventure avec une rousse. Je me suis teint les cheveux.

Jane FONDA

*

Le meilleur lifting, c'est l'amour. Mais, en général, c'est peut-être plus facile de trouver un chirurgien esthétique qu'un homme qui vous aime.

Emmanuelle BÉART

*

L'orgasme ? Je ne connais vraiment rien de meilleur pour la peau.

Sharon STONE

*

Faire l'amour, c'est encore ce qu'on a trouvé de mieux jusqu'à aujourd'hui, pour lutter contre l'insémination artificielle.

Jean POIRET

*

Moi, Adam et Ève, j'y crois plus, tu vois, parce que je suis pas un idiot : la pomme, ça peut pas être mauvais, c'est plein de pectine...

Jean-Claude VANDAMME

*

Aller en vacances avec sa femme, c'est comme aller au restaurant avec son sandwich.

Groucho MARX

*

Si j'avais fait autant de conquêtes féminines qu'on me prête, je n'aurais jamais eu le temps d'aller à la pêche !

Clark GABLE

*

Le point commun entre tous les hommes que j'ai aimés ? Moi !

Jeanne MOREAU

*

Il n'y pas de place pour deux vainqueurs sur un podium. Surtout dans un couple.

Jean POIRET

*

Le sexe allège les tensions, tandis que l'amour les provoque.

Woody ALLEN

*

Je songe à donner ma représentation d'adieux sexuels. Une rétrospective de mes meilleurs moments.

Jean POIRET

*

Je sais que pour une femme c'est difficile de rendre un homme heureux. Mais si ce travail vous paraît trop dur toute seule, mettez-vous à plusieurs !

Jean YANNE

*

Il n'y a qu'une seule façon d'avoir un mariage heureux. Dès que je la connaîtrai, je me marierai de nouveau.

Clint EASTWOOD

*

Il suffit d'un mot à l'église pour se marier, d'un mot dans son sommeil pour divorcer !

Michel GALABRU

*

Si vous voulez remplacer l'admiration de beaucoup d'hommes par les critiques d'un seul, allez-y, mariez-vous.

Katharine HEPBURN

*

Je ne sais rien en matière de sexe, parce que j'ai toujours été mariée.

Zsa Zsa GABOR

*

Un gentleman est un monsieur qui, lorsqu'il rencontre une femme entre deux âges, opte pour le moins vraisemblable.

David NIVEN

*

Les femmes préfèrent être belles plutôt qu'intelligentes parce que, chez les hommes, il y a davantage d'idiots que d'aveugles !

Yvonne PRINTEMPS

*

Les femmes ont à leur disposition deux armes terribles : le fard et les larmes. Heureusement pour les hommes, elles ne peuvent pas se servir des deux en même temps.

Marilyn MONROE

*

Sur *Du grabuge chez les veuves*, j'ai le souvenir assez précis d'un petit déjeuner avec l'une des actrices principales. Elle me demande ce que je pense du film. Je lui réponds à peu près ceci : « Le metteur en scène est un con ; le scénario, nul ; on est en train de faire une connerie. » Arrive ledit metteur en scène qui l'embrasse sur la bouche : « Tu as passé une bonne nuit, mon amour ? » Il restait huit semaines de tournage.

Jean ROCHEFORT

*

Aucun homme ne voudrait de moi : je ne sais pas cuisiner.

Greta GARBO

*

J'aime les femmes. Elles sont la plus belle création du monde. Quand elles acceptent de descendre au niveau des hommes, c'est formidable.

Mel GIBSON

*

La première fois que j'ai vu une dame nue, j'ai cru qu'il s'agissait d'une erreur.

Woody ALLEN

*

Le même âge, dans un couple, c'est un écart qui ne se rattrape pas.

Jean POIRET

Coucher avec un vieux, quelle horreur ! Mais avec un jeune, quel travail !

Alice SAPRITCH

*

Je n'aime pas les femmes qui couchent le premier soir. Je déteste ça, il faut attendre tout l'après-midi.

Patrick TIMSIT

*

Il faisait si froid l'autre nuit que j'ai failli me marier.

Shelley WINTERS

*

Le célibat ? On s'ennuie. Le mariage ? On a des ennuis.

Sacha GUITRY

*

Les bons amants, ce sont les femmes qui les construisent. Les hommes, il faut tout leur apprendre, et surtout leur laisser croire le contraire.

Victoria ABRIL

*

Un romantique, après l'amour, il déprime... Les femmes, avec les romantiques, c'est pendant qu'elles dépriment.

Patrick TIMSIT

*

Je me suis mariée trois fois par politesse.

Juliette GRÉCO

*

Je me suis marié deux fois, deux catastrophes : ma première femme est partie, ma deuxième est restée.

Francis BLANCHE

*

Quand une Française est trompée, elle aura tendance à supprimer sa rivale. L'Italienne tuera plutôt son mari. L'Anglaise se contentera de couper les ponts. Mais toutes trois se consoleront dans les bras d'un autre.

Charles BOYER

*

L'âge ne vous protège pas des dangers de l'amour. Mais l'amour, dans une certaine mesure, vous protège des dangers de l'âge.

Jeanne MOREAU

*

L'amour est une tricherie qui fait plaisir. L'amitié ne fait vraiment plaisir qu'à celui qui l'offre. Pour celui qui la reçoit, elle sera toujours inquiétante, même s'il y croit.

Pierre BRASSEUR

*

S'il n'y avait pas eu les femmes, on serait encore dans des grottes à manger de la viande crue... La civilisation a été inventée pour impressionner nos petites amies.

Orson WELLES

*

Si Marilyn est amoureuse de mon mari, cela prouve qu'elle a bon goût.

Simone SIGNORET

*

Alain Delon déclare que les femmes sont folles de lui. À mon avis, les femmes sont folles tout court et Alain Delon n'a rien à voir là-dedans.

COLUCHE

*

Le pucelage ? C'est un oiseau qui s'envole quand la queue lui vient.

Jean POIRET

*

Pour ma part, je suis hétérosexuel. Mais il faut le reconnaître, le bisexuel a deux fois plus de chances le samedi soir.

Woody ALLEN

*

Le sex-appeal, c'est pour 50 % ce que vous avez, et pour 50 % ce que les gens pensent que vous avez.

Sophia LOREN

*

La plus belle surprise que l'on puisse faire à sa femme pour son anniversaire, c'est de s'en souvenir.

Michel GALABRU

*

Quand un homme dit des obscénités à une femme, c'est du harcèlement sexuel. Quand c'est une femme qui dit des obscénités à un homme, c'est 3,95 euros la minute.

Jean YANNE

*

Je n'ai jamais détesté un homme au point de lui rendre ses bijoux.

Zsa Zsa GABOR

*

Le plus grand plaisir des hommes est de se payer le corps des femmes, le plus grand plaisir des femmes est de se payer la tête des hommes.

Sacha GUITRY

Quand une femme qui me plaît me fait demander au téléphone, je me donne vite un coup de peigne avant d'y aller.

Sacha GUITRY

*

Mes parents ont vécu quarante ans ensemble, mais par pure animosité.

Woody ALLEN

*

Les hommes charmeurs font du charme à tout le monde, même à une porte.

Catherine DENEUVE

*

Tout le monde peut séduire. La preuve, il y a des enfants partout...

Jacques DUTRONC

*

À vingt ans, une femme est glaciale ; à trente, elle est tiède ; à quarante, elle est chaude.

Gina LOLLOBRIGIDA

*

Le secret du bonheur en amour, ce n'est pas d'être aveugle, mais de savoir fermer les yeux quand il le faut.

Simone SIGNORET

*

J'ai eu un enfant d'un autre lit, comme on dit si délicatement... Et pourquoi pas d'un autre canapé, d'une autre moquette, d'un autre ascenseur ?

Guy BEDOS

*

Je trouve la nudité de l'actrice dégradante, répugnante et proprement inadmissible. Mais si j'avais vingt-deux ans et un corps de rêve, je trouverais cela artistique, charmant et merveilleusement moderne.

Shelley WINTERS

*

Il n'y a pas de femmes dures, il n'y a que des hommes mous.

Raquel WELCH

*

Comme elle avait parfois des remords, elle s'imaginait qu'elle avait du cœur.

Sacha GUITRY

*

C'est toujours celui qui ronfle qui s'endort le premier.

Michel GALABRU

*

Les femmes laides doivent sûrement en savoir un peu plus sur les hommes que les belles femmes.

Jacques DUTRONC

*

La raison pour laquelle le mâle américain préfère une femme belle plutôt qu'intelligente, c'est parce qu'il voit mieux qu'il ne pense.

Jerry LEWIS

*

La première chose que je regarde chez un homme, c'est sa femme.

Sacha GUITRY

*

Plus l'homme est sensible, moins le sexe est un muscle !

Jean ROCHEFORT

*

Le meilleur moyen de convaincre un mari de faire quelque chose, c'est de lui laisser entendre qu'il est trop vieux pour le faire.

Shirley MAC LAINE

*

Le bonheur à deux, ça dure le temps de compter jusqu'à trois.

Sacha GUITRY

*

Chacun sait que l'amour en herbe est une forme temporaire de folie, et que le seul remède est un mariage rapide.

Groucho MARX

*

J'ai envie, maintenant que je suis grand-père, de dire merci à celles qui m'ont aimé : toutes des saintes, excepté ma mère !

Guy BEDOS

*

Je n'ai jamais pu voir les épaules d'une jeune femme sans songer à fonder une famille.

Groucho MARX

*

J'ai épousé un Allemand. Tous les soirs, je me déguise en Pologne et il m'envahit.

Bette MIDLER

*

Le seul moment où une femme réussit à changer un homme, c'est quand il est bébé.

Natalie WOOD

*

Ted Turner avait besoin de quelqu'un auprès de lui 24 h/24. Il croyait que c'est de l'amour. Ce n'est pas de l'amour, c'est du baby-sitting.

Jane FONDA

*

Ma nuit d'amour avec Marilyn ? J'aurais préféré qu'on ne le « susse » point... Si je puis dire !

Yves MONTAND

*

En amour, il y a un temps pour plonger, mais il faut attendre que la piscine se remplisse si l'on ne veut pas plonger dans un bain de pieds.

Fanny ARDANT

*

Une partie de jambes en l'air, c'est comme une partie de bridge. Si on n'a pas de bon partenaire, il faut avoir une bonne main.

Mae WEST

*

L'amour, c'est comme le potage : les premières cuillerées sont trop chaudes, les dernières trop froides.

Jeanne MOREAU

*

Il ne faut jamais regarder quelqu'un qui dort. C'est comme si vous ouvriez une lettre qui ne vous est pas adressée.

Sacha GUITRY

*

Seule une femme peut vous consoler d'être moche.

Benoît POELVOORDE

*

Je ne suis pas trop vieux pour elle, c'est elle qui est trop jeune pour moi.

Groucho MARX

*

La seule profondeur qui intéresse les hommes chez les femmes est celle de leur décolleté.

Zsa Zsa GABOR

*

Les hommes n'ont que ce qu'ils méritent. Les autres sont célibataires !

Sacha GUITRY

*

Ce qui est difficile, ce n'est pas d'être grand-père, c'est d'être marié à une grand-mère.

Groucho MARX

*

Un amant exceptionnel ne peut faire qu'un mauvais mari.

Claude RICH

AH,
SI J'ÉTAIS RICHE !

Si un clown est triste, c'est qu'il est mal payé.

W. C. FIELDS

*

Je me fiche pas mal d'être gros : on me paie toujours autant.

Marlon BRANDO

*

Un millionnaire est un milliardaire qui vient de payer ses impôts.

Robert LAMOUREUX

*

Avoir des dettes, c'est le seul moyen de rester dans la mémoire des classes commerçantes.

Jean CARMET

*

Un homme qui a réussi, c'est un mec qui gagne plus d'argent que sa femme ne peut en dépenser. Et une femme qui a réussi, c'est une femme qui met la main sur cet homme-là.

Jean YANNE

*

Le luxe est une affaire d'argent. L'élégance est une question d'éducation.

Sacha GUITRY

*

— Si vous gagniez un million de dollars tout de suite, que feriez-vous ?
— De la monnaie.

Darry COWL

*

Je me sers de mon argent pour faire des économies, et je me sers de mes économies pour dépenser de l'argent.

Francis BLANCHE

*

Il est très difficile de trouver une femme qui vous aimera de façon durable pour votre argent.

Jean YANNE

*

Un homme riche n'est jamais vieux ni jamais laid, pour une jolie fille opportuniste.

POPECK

*

Dans notre société de consommation et d'épargne, un homme qui a de l'argent est un homme considéré. Un homme qui n'en a pas est également un homme considéré, mais lui, comme un pauvre type.

Pierre DAC

*

Nous ne pensons qu'à l'argent. Celui qui en a pense au sien, celui qui n'en a pas pense à celui des autres.

Sacha GUITRY

*

J'apprécie grandement le fait d'être un acteur surpayé.

Roger MOORE

*

L'argent, ça va, ça vient. Mais quand ça vient... Ça va !

SMAÏN

*

Je ne suis pas un nouveau riche, je suis un ancien pauvre.

COLUCHE

*

La publicité s'adresse de plus en plus aux riches. Mais ce sont toujours les pauvres qui regardent.

Louis DE FUNÈS

*

En avons-nous vu, de ces starlets gonflés en montgolfières par la publicité ! Pleins de gaz financier, ils montent verticalement au firmament des étoiles. Un coup d'épingle fortuit, ils deviennent aussitôt de petits points dans l'azur des vedettes. S'échappant de la loi de la pesanteur, ils s'éclipsent dans la stratosphère de l'écran...

Saturnin FABRE

*

La pub fait surtout de la pub à la pub.

Claude BRASSEUR

*

Le mari qui veut un mariage heureux doit apprendre à garder sa bouche fermée, et son carnet de chèques ouvert.

Groucho MARX

*

Cette montre, j'y tiens beaucoup. Elle me vient de mon grand-père. Il me l'a vendue sur son lit de mort.

Woody ALLEN

Si vous êtes un jour traité de parvenu, tenez pour bien certain que vous serez arrivé.

Sacha GUITRY

*

Celui qui dans la vie est parti de zéro pour n'arriver à rien dans l'existence n'a de merci à dire à personne.

Pierre DAC

*

Gagner sa vie en jouant du piano, c'est savoir compter sur ses doigts.

Darry COWL

*

J'ai compris pourquoi les stars sont payées si cher. C'est parce qu'elles doivent endurer toutes les conneries qu'on peut écrire sur elles.

Leonardo DICAPRIO

*

Ce film a coûté 31 millions de dollars. Avec cette somme, j'aurais pu envahir un pays.

Clint EASTWOOD

*

Le doute me ronge. Et si tout n'était qu'illusion ? Si rien n'existait ? Dans ce cas, j'aurais payé ma moquette beaucoup trop cher.

Woody ALLEN

*

Grâce à la diligence de Chico, il y avait des jours où le magasin de prêteur sur gages de la Troisième Avenue contenait plus d'objets de la famille Marx que l'appartement familial.

Harpo MARX

*

Dommage que Roger Pierre et moi n'étions pas homosexuels ! Durant nos tournées, nous aurions réalisé d'énormes économies dans les hôtels...

Jean-Marc THIBAULT

*

L'asperge est le poireau du riche.

Francis BLANCHE

*

Dieu a construit le monde en une semaine, et comme on n'a pas voulu le payer, il a rajouté les maladies.

Patrick TIMSIT

*

Il n'y a pas que l'argent dans la vie : il y a aussi les fourrures et les bijoux.

Elizabeth TAYLOR

*

Elle a tellement de dents en or qu'elle dort la tête dans le coffre-fort.

W. C. FIELDS

*

À la télé, ils disent tous les jours : « Il y a 3 millions de personnes qui veulent du travail. » C'est faux : de l'argent leur suffirait.

COLUCHE

*

Il y a tellement de choses plus importantes que l'argent, mais il faut tellement d'argent pour les acquérir.

Groucho MARX

*

L'important, dans la vie, ce n'est pas d'avoir de l'argent, mais que les autres en aient.

Sacha GUITRY

*

Je serais d'accord pour me marier à nouveau si je trouvais un homme qui possède 15 millions de dollars et qui serait prêt à m'en donner la moitié avant le mariage, tout en me garantissant qu'il sera mort dans l'année.

Bette DAVIS

*

Lorsque je dépense de l'argent avec une femme, j'ai l'agréable sensation de vivre au-dessus de mes moyens.

Pierre BRASSEUR

*

Au téléphone, le mensonge le plus fréquent tient en ces six mots : « Le chèque est parti ce matin. »

Jean YANNE

*

Je ne me ferai jamais sauter la cervelle pour des dettes. D'abord, je n'aurai jamais autant de cervelle que de dettes.

Jules BERRY

*

Un crédit à long terme, ça veut dire que moins tu peux payer, plus tu paies.

COLUCHE

*

Je veux seulement trouver un homme gentil et compréhensif. Est-ce vraiment trop demander à un milliardaire ?

Zsa Zsa GABOR

On juge un homme aux factures qu'il reçoit.

Groucho Marx

*

Les seuls qui se rapprochent de vous dans le malheur sont les créanciers.

Orson Welles

*

Il n'y a pas de bonheur parfait, comme disait cet homme quand sa belle-mère mourut et qu'on lui présenta la note des pompes funèbres.

Robert Lamoureux

*

On dit que l'argent ne fait pas le bonheur. Sans doute veut-on parler de l'argent des autres.

Sacha Guitry

*

L'argent est préférable à la pauvreté, ne serait-ce que pour des raisons financières.

Woody Allen

LES ACTEURS

— *Pourquoi devenir acteur ?*

— Quinze ans, les quais de Nantes, le dimanche matin, le crachin, pas d'amis : on phosphore !

Jean ROCHEFORT

*

La vie, c'est un drame en gros plan, mais une comédie en plan large.

Charles CHAPLIN

*

J'ai compris que le Père Noël n'existait pas quand j'avais cinq ans. Je suis entrée dans un grand magasin et il m'a demandé un autographe.

Shirley TEMPLE

*

Je suis né en 1895, et comme un malheur n'arrive jamais seul, cette année-là, les frères Lumière inventaient le cinématographe.

Michel SIMON

*

C'est vrai, j'ai couché avec toutes mes partenaires féminines. Sauf une : Jack Lemmon.

Tony CURTIS

*

Le cinéma, c'est comme faire l'amour par correspondance, tandis qu'au théâtre, on fait l'amour dans son lit.

Pierre ARDITI

*

Le théâtre est l'endroit où l'on embrasse le plus et où l'on s'aime le moins.

Jean LE POULAIN

*

Dans un théâtre, les seuls trucs que je n'ai pas réussi à faire rire, ce sont les fauteuils.

Jacqueline MAILLAN

*

Rien de plus futile, de plus faux, de plus vain, rien de plus nécessaire que le théâtre.

Louis JOUVET

*

Mon père faisait du théâtre. Mon grand-père aussi. Ce n'est plus une vocation. C'est une charge héréditaire.

Francis BLANCHE

*

Le théâtre est le premier sérum que l'homme ait inventé pour se protéger de la maladie de l'angoisse.

Jean-Louis BARRAULT

*

Comment je fais pour avoir le trac sur scène ? Vous verrez quand vous aurez du talent !

Sarah BERNHARDT (à une jeune actrice)

*

L'homme de théâtre est un hypocrite professionnel, alors que les autres hommes sont des hypocrites occasionnels.

Jacques FABBRI

*

Le cinéma, c'est comme un père, ça fait rêver. Le théâtre, c'est comme une mère, on y revient toujours...

Valérie LEMERCIER

*

Au cinéma, je suis une espèce de Poulidor. Au théâtre, je suis une locomotive.

Michel GALABRU

*

Les directeurs de théâtre croient qu'ils sont intelligents quand ils ont des succès. Et quand ils ont un four, ils croient que le public est idiot.

Sacha GUITRY

Au théâtre, il faut courir 5 000 mètres chaque soir. Au cinéma, c'est 50 000 fois un mètre – et pas forcément dans l'ordre.

Pierre ARDITI

*

Un couple d'acteurs peut prétendre à une tranquillité relative lorsqu'il se compose d'un élément actif et d'un élément passif. Deux pôles négatifs, c'est désastreux. Deux pôles positifs de théâtre, c'est l'électrocution. Ils se tuent.

Saturnin FABRE

*

Le cinéma, c'est du théâtre en conserve.

Louis JOUVET

*

Le 7e art ? Jamais je ne m'habituerai à cette énumération, tant qu'on ne m'aura pas détaillé les six autres.

Pauline CARTON

*

Si le cinéma a un point commun avec le timbre, c'est sa capacité à envoyer des messages avec des images.

Antonio BANDERAS

*

Le public ressemble à une femme : on ne le trompe pas impunément.

Darry COWL

*

Je crois dur comme fer à la censure. J'en ai tiré toute ma gloire.

Mae WEST

*

Un acteur, c'est quelqu'un qui, si tu ne parles pas de lui, ne t'écoute pas.

Marlon BRANDO

*

Un comédien, c'est une vocation, un choix de vie. Un acteur, c'est un concours de circonstances.

Alain DELON

*

Tout le monde est bon comédien, sauf peut-être quelques acteurs.

Sacha GUITRY

*

On singe, on imite, on parodie. On joue.

Laurence OLIVIER

*

Nous, les stars, sommes la seule marchandise qui ait le droit de s'absenter, le soir, du magasin.

Ava GARDNER

*

Je doute que le métier d'acteur soit fait pour les adultes.

Steve MCQUEEN

*

La comédie est une forme masochiste de l'exhibitionnisme. Ce n'est pas un comportement très adulte.

Laurence OLIVIER

*

J'ai eu l'idée de porter un pantalon trop large, des chaussures immenses, une canne et un chapeau melon. Tout est contradictoire : le pantalon démesuré, le manteau serré, le chapeau minuscule et les chaussures trop grandes.

Charles CHAPLIN

*

Quand j'ai tourné ma première scène d'amour, j'étais mort de trac et je ne trouvais pas l'expression qui convenait. Le metteur en scène me dit : « Je veux une lueur de désir dans tes yeux ! » Alors, j'ai pensé à un gros steak bien tendre et bien juteux. Cela a si bien marché que, depuis, j'applique cette méthode à chaque fois que je joue un amoureux.

Clark GABLE

La comédie, c'est un plaisir de sale gosse.

Gérard JUGNOT

*

Pourquoi je joue aussi bien les garces ? Parce que je n'en suis pas une. C'est sans doute pour ça que Joan Crawford joue toujours des dames respectables.

Bette DAVIS

*

Illusion, quand tu nous tiens ! J'ai habité des loges de concierges d'une dimension suffisante pour y faire tenir deux appartements moyens, et j'ai dit : « Quelle ravissante soirée ! » devant quatre figurants éparpillés.

Pauline CARTON

*

Je ne suis peut-être pas une grande actrice, mais je suis la meilleure pour les orgasmes à l'écran. Je halète dix secondes, je donne de la tête de droite et de gauche, je simule une crise d'asthme et je feins d'être sur le point de mourir.

Candice BERGEN

*

Vous avez entendu mon dialogue dans *Braveheart* ? Ils ont dû me confondre avec le mime Marceau.

Sophie MARCEAU

*

Comme j'avais fait rire avec trois répliques, on décida que j'étais un comique. Et voilà ; fermez la trappe : comique à perpétuité, sans concessions.

Michel SIMON

*

On m'a collé une étiquette de comique dans le dos. C'est comme sur un pot de confiture : si vous essayez de l'arracher d'un coup, c'est raté. Il faut savoir attendre, faire tremper, laisser agir. Et l'étiquette partira toute seule.

José GARCIA

*

Jeune comédien, le soir de la générale de l'opérette *Né un dimanche*, je repassais conscieusement mon rôle dans le calme, m'attachant à quelques répliques accrochantes, quand l'auteur a surgi en s'écriant : « Soyez comique ! » Terrorisé, j'entrai en scène pour faire rire.

Saturnin FABRE

*

C'est drôle, les actrices françaises ne citent jamais, dans les interviews, l'une de leurs semblables. Sauf si elle est morte ou américaine. Ça en dit long sur leur trouille de se faire piquer la place...

Mathilde SEIGNER

*

De nos jours, les acteurs veulent tout, tout de suite. Moi, je suis une bouteille de Pauillac. Je mûris doucement.

José GARCIA

*

Un acteur est une espèce de curé défroqué qui, pendant une heure ou deux, invoque le ciel et l'enfer pour hypnotiser une poignée d'innocents crédules.

Alec GUINNESS

*

Ah, les trucages ! J'ai vu des pommiers de Normandie dont les fleurs absentes avaient été remplacées par des œillets montés sur fil de fer, sans que personne se fût jamais plaint du curieux encadrement rural et poétique qu'ils donnaient à l'idylle ébauchée à leur ombre.

Pauline CARTON

*

Un acteur, c'est comme un piano. Il doit être bien accordé, mais il ne faut pas taper dessus trop fort.

Monica BELLUCCI

*

Aux acteurs qui me disent : « Je suis meilleur à la neuvième prise », je réponds : « Ah bon ? Dommage ! »

Clint EASTWOOD

*

Je commence à être apprécié par les grands réalisateurs, alors on ne me propose plus de tailler des pipes dans des limousines.

Colin FARRELL

*

La possible mégalomanie du scénariste-acteur-réalisateur, c'est une question que l'on me pose, mais que l'on n'a jamais posée à Jean Yanne ou à Alain Chabat.

Valérie LEMERCIER

*

Quand on s'est fait connaître en choquant, on ne peut plus choquer qu'en ne choquant plus.

MADONNA

*

La vertu a ses avantages, mais aucun au box-office.

Mae WEST

*

Pour faire un bon film, il faut trois choses : 1) une bonne histoire, 2) une bonne histoire, 3) une bonne histoire.

Jean GABIN

*

Ce n'est pas important d'avoir du talent, puisque ça n'excuse jamais de ne pas avoir du génie.

Claude BRASSEUR

*

Le soir des oscars, j'étais entouré de femmes qui n'arrêtaient pas de me demander : « Je peux la toucher ? » Malheureusement, elles parlaient de la statuette...

Ben AFFLECK

*

L'œuvre d'un homme doit être assez forte pour qu'on puisse lever le rideau sur les coulisses.

Jean MARAIS

*

Je suis le meilleur acteur du monde, et voilà cinquante ans que les gens me prennent pour un chanteur !

Harry BELAFONTE

*

Mon césar face à Delon, Dewaere et Depardieu ? On a voté pour moi parce qu'on a voulu pousser le faiblard de la bande. Le public aime ça.

Michel GALABRU

*

Les césars ? Non merci. Je ne suis pas un acteur de loterie.

Jean-Pierre MARIELLE

*

— *Votre dernier coup de cafard ?*
— Mon césar d'honneur.

Jean ROCHEFORT

*

J'ai un côté caniche : dès que je vois jouer des acteurs, j'ai envie de jouer avec eux.

José GARCIA

— *Qu'est ce qui vous séduit chez Pinter ?*

— L'évidence. Prenons, par exemple, *La Collection*, il est écrit : « Harry descend l'escalier, trébuche sur la tringle de l'escalier et dit : "J'ai trébuché sur la tringle de l'escalier." » Merveilleux.

Jean ROCHEFORT

*

Je mange de tout. La seule chose que je trouve indigeste, c'est un acteur qui se répand sur sa vie privée.

Marlon BRANDO

*

J'ai abandonné le cinéma le jour où j'ai compris que c'est Robert Redford qui aurait la fille.

Cary GRANT

*

Je n'arrêterai jamais ce métier, à moins d'être renversé par un camion, un producteur ou un critique.

Jack LEMMON

*

Quand je rougis, ça ne se voit jamais à l'écran.

Buster KEATON

*

Ah, le cinéma ! Qu'est-ce que ce serait s'il n'y avait pas la caméra ! Ce serait... merveilleux, tout simplement.

RAIMU

*

Acteurs, nous avons tous connu l'humiliation du costume qui ne nous va pas, du bout de phrase intéressant que l'on prononce en tournant le dos, alors qu'on était vu de face pour dire des phrases sans le moindre espoir d'intérêt.

Pauline CARTON

*

Ce soir, je n'aurai pas mal aux dents : le personnage que j'interprète n'a pas mal aux dents.

Pierre FRESNAY

*

Ce qui m'étonne, c'est que des gens puissent mal jouer la comédie — alors que, tous, ou presque tous, ils la jouent du matin au soir – et quelquefois si bien !

Sacha GUITRY

*

Ce ne sont pas les attitudes que je trouve comiques, mais les états d'esprit.

Louis DE FUNÈS

*

Tenir un rôle comique, c'est exactement comme faire la cour à une jolie fille. Il faut du répondant.

BOURVIL

*

Je suis comique sans le faire exprès. Ma façon d'être malheureuse fait rire.

Marlène JOBERT

*

La tragédie, c'est lorsqu'on se coupe le doigt. La comédie, c'est quand on tombe dans une bouche d'égout ouverte et que l'on meurt.

Mel BROOKS

*

Le rire, c'est comme les essuie-glaces : il permet d'avancer, même s'il n'arrête pas la pluie !

Gérard JUGNOT

*

Je n'ai jamais été très théâtre d'avant-garde. Jouer *Richard III* à poil au milieu de tas de sable, ça m'ennuie.

Jean ROCHEFORT

*

C'est plus difficile de faire rire que de faire pleurer. On ne rit pas tous des mêmes choses, mais on pleure pour les mêmes raisons.

Franck DUBOSC

*

Le rire est la tricherie de l'indulgence et la cachotterie de l'indifférence.

Pierre BRASSEUR

*

Moi, jouer un rôle dramatique ? C'est comme si vous me demandiez de faire un jeune premier.

Louis DE FUNÈS

*

Ma théorie des 3D, c'est quand ça Danse, quand ça Déconne et quand ça Dénonce.

Alain CHABAT

*

On me pose souvent la question : N'est-il pas usant de jouer tous les soirs la même pièce ? Et le type qui me la pose, c'est généralement un type qui travaille dans le même bureau depuis quarante ans !

Michel GALABRU

L'humour juif, c'est faire rire avec une histoire à double sens et qu'on ne comprend qu'à moitié.

POPECK

*

La fatigue n'est pas le prix qu'on paie, mais celui qu'on reçoit...

Robert LAMOUREUX

*

C'est en se dépensant soi-même que l'on devient riche.

Sarah BERNHARDT

*

Il est facile de faire dire aux personnages ce qu'on pense d'eux.

Louis JOUVET

*

Être lui-même en scène est la pire insulte qu'un comédien puisse faire au public.

Pierre BRASSEUR

*

Les dialogues d'Audiard, on s'y vautrait comme dans un lit de plumes.

Annie GIRARDOT

*

La confiance donnée aux autres, l'absence de dirigisme ne sont pas monnaie courante chez les metteurs en scène. On en rencontre beaucoup qui, si l'idée vient d'un autre, pensent qu'ils vont perdre leur pouvoir, leur raison sociale, et peut-être même leur BMW.

Jean ROCHEFORT

*

Moi, lorsqu'on commence à me parler de direction d'acteurs, je demande simplement qu'on me dirige... vers la sortie.

Michel SIMON

*

La seule direction qu'on puisse donner à un acteur, c'est celle des studios.

Jean-Pierre MARIELLE

*

La mise en scène, c'est la chose la plus excitante à faire en dehors d'un lit.

Mel GIBSON

*

La différence entre se mettre en scène soi-même et être dirigé par quelqu'un d'autre, c'est celle qu'il y a entre se masturber et faire l'amour.

Warren BEATTY

*

Le plus difficile pour un acteur, c'est d'être avec un metteur en scène qui n'a pas compris l'histoire comme vous.

Jean YANNE

*

— *Pourquoi faites-vous autant de premiers films ?*
— Parce qu'on ne me reprend jamais une deuxième fois.

Jean ROCHEFORT

*

Il y a certains acteurs qui attendent quinze ans avant de réaliser qu'ils n'ont vraiment aucun talent pour ce métier. Souvent à ce moment-là, ils sont trop célèbres pour pouvoir arrêter.

Michel GALABRU

*

Il faut voir avec quels sourires hyèneusement farouches les producteurs accueillent ce qu'on nomme « succès d'estime ».

Pauline CARTON

Quand je devais être ivre à l'écran, je restais sobre, parce que j'étais incapable de jouer les ivrognes en étant ivre.

Richard BURTON

*

C'est officiel, la Culture a moins d'1 % dans le budget de la France. On l'a échappé belle ! Qu'est-ce que j'aurais pas aimé être artiste dans un pays où la Culture aurait eu 25 %. Être obligé de jouer Shakespeare !

COLUCHE

*

Mes scènes préférées au cinéma ? Celles où j'ouvre la porte et où je quitte l'écran.

Jacques DUTRONC

*

Je suis comédien parce que je n'ai pas trouvé d'autre métier qui me rapporte autant en ne travaillant que huit heures par jour.

Jean YANNE

*

Cela va beaucoup mieux. À mes débuts, je me serrais la ceinture. Maintenant, c'est la ceinture qui me serre.

SMAÏN

*

Ceux qui font n'importe quoi pour avoir du boulot n'en n'ont pas non plus. Il vaut mieux faire tout pour ne pas en avoir et ne pas en avoir, que tout pour en avoir, et ne pas en avoir.

Gérard LANVIN

*

Je ne comprends pas ces acteurs qui courent 5 km pour faire plus vrai. Moi, je n'ai pas besoin de faire tout ça pour pour paraître essoufflé.

Laurence OLIVIER

*

On m'a reproché de rendre sympathique le tueur fou, le docteur Petiot, mais comment aurait-il existé autrement ? Vous pensez bien que si le « bon docteur » n'avait pas ouvert sa porte avec gentillesse, il n'aurait pas eu tant de gens à mettre dans sa chaudière !

Michel SERRAULT

*

J'ai commencé dans *Madame sans-gêne* au théâtre de la Renaissance. Je jouais juste un petit tambour. D'accord ce n'était pas exceptionnel, mais ça me permettait de me coucher tôt.

Jean POIRET

*

Moi, j'ai jamais travaillé. Vous savez à quoi on reconnaît le travail ? C'est mal payé, c'est chiant et c'est long. Moi, ce que je fais, c'est bien payé, c'est court et je me marre ! Enfoirés, excusez-nous !

COLUCHE

*

Les Russes adorent Brooke Shields parce que ses sourcils leur rappellent ceux de Brejnev.

Robin WILLIAMS

*

Paul Newman est riche, beau, toujours amoureux de sa femme et participe à des courses automobiles. Après avoir dîné avec lui, on a envie de se suicider.

Robert REDFORD

*

Pour jouer Cyrano, Depardieu n'a pas eu besoin de prothèse nasale.

Josiane BALASKO

*

Saviez-vous qu'ils changent tous les jours le tapis rouge du Festival de Cannes ? C'est qu'on doit vraiment avoir les pieds sales !

André DUSSOLLIER

*

La célébrité, ça me pèse quand je porte ma fille d'un côté, une valise de l'autre, que j'ai un train à prendre et qu'un abruti me demande un autographe.

Thierry LHERMITTE

*

Aujourd'hui, lorsqu'une fille superbe me croise dans la rue, elle s'écrie toujours : « Oh, quelle chance ! Je n'en crois pas mes yeux ! » Mais elle enchaîne en lâchant : « Où est votre fils ? » ou bien : « Ma mère vous adore ! »

James CAAN

*

Jean Carmet est mort. Ça fait drôle. Ce n'était pas son genre.

Guy Bedos

Depuis que j'ai un certain succès, je ne sens aucune différence. On écrit toujours mon nom avec des fautes.

Benoît POELVOORDE

*

Le succès est le meilleur des somnifères.

POPECK

*

Sa mort l'a fait connaître, il peut revenir maintenant.

Sacha GUITRY

*

J'écris des pièces à succès parce que je suis paresseux. Avec une pièce qui marche longtemps, je n'ai pas besoin de me fatiguer à recommencer sans arrêt.

Jean POIRET

*

Tu réalises que tu es une star quand tu souris à une fille et qu'elle s'évanouit.

Mel GIBSON

*

La célébrité, ce n'est pas facile à assumer. Je ne vois rien de pire. Si, peut-être : l'anonymat.

Guy Bedos

*

L'esprit parisien, c'est terrible ! Dès que je fais quelque chose, j'ai l'impression qu'il y a toute ma nécrologie qui défile en même temps...

Catherine Deneuve

*

Le succès m'a ôté la peur de la mort. Quand on devient star, on est déjà mort. On est embaumé.

Dustin Hoffman

*

Je n'ai jamais été à la mode. Comment voulez-vous que je sois ringard ?

Daniel Prévost

*

L'audience des comiques est très restreinte. Il n'y a que le public qui les aime.

Jean Poiret

*

Ce n'est pas tant ce qu'on dit sur votre compte, c'est ce qu'on murmure.

Errol FLYNN

*

Pour un acteur, l'important, ce n'est pas d'être marié ou non. L'important, c'est de ne pas avoir l'air marié.

Jacques DUTRONC

*

J'ai commencé ce métier pour l'argent. L'art est venu plus tard. Les gens sont déçus par cette remarque, mais je n'y peux rien : c'est la vérité.

Charles CHAPLIN

*

Je suis entré dans ce métier par la petite porte. Et des portes, qu'est-ce que j'en ai ouvert sur scène, faute de mieux !

Louis DE FUNÈS

*

Mon mode de vie est simple. Je me lève le matin et je me couche le soir. Entre les deux, je m'occupe du mieux que je peux.

Cary GRANT

*

Les acteurs ont une vie palpitante. On comprend que leur quotidien fasse rêver. Regardez, moi, par exemple : le matin je me lève, je me lave, je me mets du désodorisant, j'enfile un caleçon, je sors, je déchire un P.-V., je prends ma voiture, je vais tourner un film, je fais la sieste si c'est possible, le soir je rentre chez moi, je me mets en caleçon, j'allume la télé et je bouffe sur un coin de table avant d'aller me coucher. De temps en temps, je prends l'avion. Parfois, je change un pneu.

Jean YANNE

On m'a photographié une fois chez moi en train de regarder la télé. Je ressemblais à l'un de mes spectateurs. On est peu de choses...

Guy BEDOS

*

Je rêverais d'écrire de fausses mémoires. Des épisodes totalement inventés mais toujours à la limite de la vérité, toujours plausibles, afin que le lecteur puisse se demander si je me suis engagé comme enfant de troupe dans la Wehrmacht, si j'ai eu, très jeune, un enfant avec Mae West et si je suis authentiquement passé dans le corps de ballet de l'Opéra.

Jean POIRET

*

Le travail d'équipe est essentiel. En cas d'erreur, ça permet d'accuser quelqu'un d'autre.

Bernard MENEZ

*

L'homme qui mange n'est pas toujours beau, l'homme qui pleure est parfois laid, l'homme qui aime est souvent grotesque, l'homme qui meurt est d'ordinaire affreux, mais l'homme qui travaille n'est jamais ridicule.

Sacha GUITRY

*

Je travaille tant que je peux. Seul le sommeil m'empêche de réaliser mes rêves.

Jean Poiret

*

Je cultive mon jardin. Et dans ma vie professionnelle comme dans mon carré de jardin, j'ai bien l'intention d'exclure les navets.

Louis de Funès

*

J'ai tellement tourné de navets que ma carrière ressemble à un potager.

Jean Lefèbvre

*

Mes navets, je les ai tournés avec une certaine complaisance, un goût du bide. J'aime bien me piétiner la gueule de temps en temps.

Jean Rochefort

*

Mes films sont ceux qu'on projette dans les avions et les prisons, parce que personne ne peut quitter la salle.

Burt Reynolds

*

Les films m'ennuient. Surtout les miens.

Robert MITCHUM

*

Quand ses vannes tombent à l'eau, on se dit que c'est l'autre qui n'a pas compris. Mais si « l'autre », c'est trois cents personnes...

Franck DUBOSC

*

Quand je suis bonne, je suis très bonne. Mais je suis bien meilleure quand je suis mauvaise.

Mae WEST

*

Faire un mauvais film, c'est quand même beaucoup moins grave que d'attaquer une vieille.

Daniel PRÉVOST

*

Mon premier film était si mauvais qu'aux États-Unis, dans sept États, on l'utilise pour remplacer la peine de mort.

Woody ALLEN

*

Le cheval est en partie responsable de ma carrière cinématographique. J'ai en effet découvert les joies de l'équitation sur l'un de mes premiers grands films, *Cartouche*. Peut-être un peu trop vite pour tout vous dire. Huit jours de mise en selle puis départ au galop dans les chemins poudreux du Tarn. Tout cela s'est soldé par deux ou trois chutes mémorables, j'ai fini avec le torse dans le plâtre et la cheville gauche esquintée. Je ne pouvais plus bouger. Le metteur en scène, Philippe de Broca, a été obligé de ne faire plus que des gros plans sur moi. Et c'est comme cela qu'on m'a remarqué.

Jean ROCHEFORT

*

L'avion, c'est pareil que le cinéma, il n'y a que des erreurs humaines. Un mauvais film, c'est une erreur humaine.

Gérard DEPARDIEU

*

Il vaut mieux être à poil dans un chef-d'œuvre qu'habillée dans un navet.

Victoria ABRIL

*

J'ai vu interdire aux moins de 16 ans des films où circulaient une brochette de girls empanachées, sensiblement plus vêtues que les mères des susdits moins de 16 ans lorsqu'elles se rôtissent sur des plages.

Pauline CARTON

*

Je ne me montre jamais nue dans mes films. Pour moi, jouer habillée, c'est une performance. Jouer sans vêtements, c'est du documentaire.

Julia ROBERTS

*

J'ai horreur qu'on me voie nue. Je ne suis pas ce qu'on appelle une femme menue ! Quand Sophia Loren est nue, ça fait beaucoup de nudité...

Sophia LOREN

*

Je ne suis pas facile à habiller pour la bonne raison que je ne suis pas facile à déshabiller.

Catherine DENEUVE

*

Le sexe est si facile quand vous êtes acteur, surtout à Hollywood. Ce n'est pas plus compliqué que d'acheter un hamburger.

Anthony QUINN

*

Si je fais de la broderie sur le plateau, c'est pour faire quelque chose, et pas simplement reluquer les fesses de Danielle Darrieux, comme tout le monde dans ce studio !

Paul MEURISSE

*

J'aime bien tourner avec de jeunes metteurs en scène. Ça réchauffe les rhumatismes.

Jean ROCHEFORT

*

Ce qu'il y a de bien dans ma vie sentimentale, c'est que je n'ai pas à bouger de chez moi : je n'ai qu'à lire le journal. J'ai épousé Richard Gere, je suis sortie avec Daniel Day-Lewis, et j'ai même eu une aventure avec Robert De Niro !

Julia ROBERTS

*

À Hollywood, un divorce équitable revient à obtenir 50 % de publicité pour chacune des deux parties.

Lauren BACALL

*

J'ai débarqué à Hollywood avec mon nez, mes dents et mon nom d'origine. C'est très gratifiant !

Barbra STREISAND

*

J'irai vivre à Los Angeles le jour où la Nouvelle-Zélande et l'Australie seront englouties par un raz de marée, l'Angleterre frappée par la peste bubonique et le continent africain victime d'une attaque martienne.

Russell CROWE

*

Certains tournages vous marquent plus que d'autres... Je n'oublierai jamais cette nuit glaciale d'hiver, pendant *Le Crabe Tambour*. Sur le pont du bateau, une silhouette se découpe, qui dit pour elle-même : « Donne ton pied, salope ! » C'était Jacques Dufilho qui, je pense, n'avait pas sucé que de la glace ce soir-là, et qui croyait parler à sa jument.

Jean ROCHEFORT

*

Si on vit à Beverly Hills, on devient vite aussi inutile et tapageur qu'une Mercedes.

Robert REDFORD

*

À la fin du tournage du *Soleil de minuit*, un pâtissier de Saint-Dié offrit aux vedettes un gigantesque gâteau, sur lequel il avait écrit au sucre : « Aux simpathiques Jules Berry et Saturnin Fabre ». Je tentai de rectifier :

— C'est magnifique ! Mais vous avez fait une faute à « sim » de sympathique.

Sa femme intervint :

— C'est l'évidence même. Tu n'as pas mis de point sur l'i de « sim »...

Saturnin FABRE

*

Il est devenu impossible de faire un film satirique sur l'histoire de France. Parce que les gens n'y connaissent rien. Pour que ça marche, il faudrait leur offrir avant le film un autre film de trois heures qui leur raconterait les événements que l'on veut caricaturer.

Jean YANNE

*

Lorsque nous avons présenté le projet de *Hamlet* à Hollywood, le producteur nous a demandé si nous avions un scénario.

Mel GIBSON

Dans la vie, je ne m'habille qu'avec les costumes que l'on me donne sur les tournages. C'est pour ça que je ne fais jamais de films d'époque.

Jacques DUTRONC

*

Un discours de remerciements : « Et je tiens à remercier mon père et ma mère, sans qui je n'aurais jamais cherché l'amour chez le public ! »

Muriel ROBIN

*

Je dois ma carrière à ma mère. Si elle avait cru en moi, je me serais contentée d'être secrétaire.

Barbra STREISAND

*

Depuis toujours, à la télévision, on ne fait que passer. Maintenant, en plus, c'est pour un con.

Pierre RICHARD

*

Je déteste la télévision. Autant que les cacahuètes. Mais je ne peux pas m'arrêter de manger des cacahuètes.

Orson WELLES

*

La télé, c'est la maladie du cinéma.

Jack NICHOLSON

*

Il y a des émissions stupides qui durent une heure et demie, moi ça dure trente secondes.

Jacques WEBER (à propos de ses publicités)

*

Il ne faut jamais oublier que la télévision n'est qu'un appareil électroménager.

Bruno CREMER

*

Quand on sait qu'il suffit d'appuyer sur la commande de la télé pour qu'un lave-vaisselle apparaisse à la place de votre tête, ça vous donne le sens du relatif.

Kirk DOUGLAS

*

Le succès est un déodorant très efficace : il dissout tous les effluves du passé.

Elizabeth TAYLOR

VIVE LA SOCIALE !

Le gendarme ? C'est toute l'humanité ! Au fond, on cire toujours les pompes de ses supérieurs hiérarchiques et on s'essuie sur le derrière de son sous-fifre !

Louis DE FUNÈS

*

Je vis à la campagne tout simplement parce que j'aime rencontrer le gendarme de ma circonscription. Le mien et moi nous nous rendons visite depuis quelques décennies déjà et j'aime ça. Dans un arrondissement de grande ville, j'ignorerais mon gendarme et je serais malheureux.

Jean ROCHEFORT

*

Certains ne sont jamais seuls, ils sont toujours accompagnés de leur connerie.

ARLETTY

*

L'imbécile ne peut pas se définir, mais on peut toujours donner des exemples.

Gérard JUGNOT

*

À quoi servirait l'intelligence si l'imbécillité n'existait pas ?

Pierre DAC

*

C'est simple d'être intelligent : il suffit de penser à une chose idiote et de dire l'inverse.

COLUCHE

*

Quand deux connards parcourent un long trajet en volant, ce n'est pas toujours le plus lourd des deux qui demande à se poser le premier.

Antoine DE CAUNES

*

L'avantage d'être intelligent, c'est qu'on peut toujours faire l'imbécile, alors que l'inverse est totalement impossible.

Woody ALLEN

*

Tous les ans, il y a de plus en plus de cons. Mais cette année, je crois que les cons de l'année prochaine sont déjà là.

Patrick TIMSIT

*

— Vous avez beaucoup d'ennemis ?
— Oui, comme tous les gens qui n'aiment pas les cons.

Bernard BLIER

Ce qui, probablement, fausse tout dans la vie, c'est qu'on est convaincu qu'on dit la vérité parce qu'on dit ce qu'on pense.

Sacha GUITRY

*

Ce que la vie m'a appris ? Que ce soit à la banque, à la poste, au supermarché ou au péage, c'est toujours la file la plus courte qui avance le moins vite.

Michel GALABRU

*

L'intelligence artificielle se définit comme le contraire de la bêtise naturelle.

Woody ALLEN

*

J'apprends de Boudu qu'une des attitudes à prendre vis-à-vis de la société, c'est de la vomir.

Michel SIMON

*

La tolérance, c'est quand on connaît des cons et qu'on ne dit pas les noms.

Pierre DORIS

*

L'expérience est un peigne que vous donne la vie quand vous êtes devenu chauve.

Bernard BLIER

*

Si l'expérience servait à quelque chose, au bout d'un moment, on arrêterait de s'enrhumer.

Gérard LANVIN

*

La vie de tous les jours ressemble à une mauvaise série B. Si l'on me proposait d'adapter la mienne à l'écran, je refuserais.

Kirk DOUGLAS

*

Les majuscules sont des coups de chapeau calligraphiques.

Louis JOUVET

*

Les gens adorent annoncer des nouvelles, surtout les mauvaises.

Jean CARMET

*

L'optimiste est celui qui sait à quel point le monde peut être triste. Le pessimiste est celui qui le découvre tous les jours.

Peter USTINOV

*

Le bonheur, c'est comme le vélo : si vous arrêtez de pédaler, vous tombez.

Gérard JUGNOT

*

Restaurants du cœur, voitures du cœur, vêtements du cœur, etc. À la télé, le cœur est à la mode. À croire que toutes ces initiatives sont une nouvelle forme d'affection cardiaque.

Jean POIRET

*

Dans un monde où tout le monde donne son avis sur tout, le silence et la réserve apparaissent comme deux formes d'élégance.

Chiara MASTROIANNI

*

En France, les gens commencent à s'intéresser à la pollution trois mois par an : juin, juillet et août.

COLUCHE

*

J'ai échappé à l'armée en me faisant passer pour un psychonévrotique. Ils m'ont pris pour un fou. Quand j'ai rempli leur formulaire, à la rubrique « race », j'ai écrit « humaine ». À la rubrique « couleur », j'ai écrit « variable »...

Marlon BRANDO

*

Un sous-marin, pour une baleine, c'est un gros suppositoire.

Jean CARMET

*

Un bon traitement contre l'insomnie est de beaucoup dormir.

W. C. FIELDS

*

Vous savez ce que c'est la connerie ? Imaginez une plage, le soleil, un whisky avec des glaçons, des nanas autour de vous... vous y êtes ? Eh bien, tout le reste, c'est de la connerie.

COLUCHE

*

Zorro est obligé de mettre un masque pour qu'on le reconnaisse.

Patrick SÉBASTIEN

*

Nous vivons une époque beaucoup trop permissive. Jamais encore la pornographie ne s'était étalée avec une telle impudeur. Et en plus, les films sont flous !

Woody ALLEN

*

Le courage est souvent un manque de perspicacité, tandis que la lâcheté, dans beaucoup de cas, résulte d'une bonne information.

Peter USTINOV

*

Cette génération n'est ni plus ni moins libre ou amorale que celles qui l'ont précédée. Seulement, elle néglige, elle, de tirer les rideaux.

Edwige FEUILLÈRE

*

On dit que la jeunesse ne croit plus à rien. Quelle tristesse... Et si un jour le Père Noël ne croyait plus aux enfants ?

Pierre DORIS

*

Le plus difficile pour les gosses d'aujourd'hui, c'est d'apprendre les bonnes manières sans le moindre modèle en face.

Fred ASTAIRE

*

Votre enfant devient adolescent lorsqu'il ne demande plus d'où il vient et qu'il ne dit plus où il va.

Patrick TIMSIT

*

C'est une connerie de faire des enfants quand on est jeune. On n'a pas le temps de s'en occuper. Il faut attendre la cinquantaine. Et puis comme ça, on les fait chier moins longtemps.

Jean YANNE

*

Conseil aux parents : envoyez votre jeune fille à la faculté de lettres. Comme ça, plus tard, quand elle fera la cuisine, elle pourra penser.

Pierre DORIS

*

Les mères sont attentives à tous les malaises de leurs enfants, sauf à ceux de leur cœur.

Pierre BRASSEUR

*

Élever un enfant, c'est lui apprendre à se passer de nous.

Robert LAMOUREUX

*

Les parents sont des os sur lesquels les enfants font leurs dents.

Peter USTINOV

*

Si votre voiture est bien garée, faites semblant de démarrer et de libérer la place. Puis faites un signe négatif et aimable par la portière. En quelques instants, vous pouvez ainsi embouteiller tout un quartier.

Jean YANNE

*

Je ne mets mes lunettes que pour de petites choses : conduire ma voiture, par exemple, ou la retrouver.

Francis BLANCHE

*

La voiture constitue un magnifique abri, quand il pleut, dans un pays où le parapluie a toujours semblé un peu efféminé.

Jack LEMMON

*

À Marseille, pour le conducteur d'une voiture, il n'y a pas de gauche ni de droite, il y a de l'ombre.

FERNANDEL

*

Une 2 CV usagée vaut mieux qu'une Rolls neuve, à condition qu'elle vienne de la droite.

Francis BLANCHE

*

Moi, je ne suis pas trop « motard », je n'aime pas le costard : c'est ou tout cuir ou tout plâtre...

Patrick TIMSIT

*

Dans les accidents de chemin de fer, c'est toujours le dernier wagon le plus dangereux. C'est pour cela qu'on l'a supprimé.

Pierre DAC

*

Combien il y a de gens qui travaillent à la Sécurité sociale ? Un sur quatre.

COLUCHE

*

Il est bon de lire entre les lignes, cela fatigue moins les yeux.

Sacha GUITRY

*

Un bon élève, c'est celui qui reste à la bibliothèque même quand il n'y a pas de fille séduisante dans la pièce.

Woody ALLEN

*

J'aime bien les injures compliquées, du genre : « Va habiter dans une maison de cent pièces et qu'on retrouve ton cadavre dans chacune d'elles ! »

Danny DEVITO

*

Je suis plutôt de droite, mais pour aller à gauche, je passe par le centre.

FERNANDEL

*

Une petite ville, c'est un endroit charmant où ce sont les voisins qui se chargent de surveiller votre femme.

Jean RICHARD

Moi, j'ai tellement pas bossé aux PTT qu'il y a des fois où j'ai cru que je bossais à la Sécurité sociale, tellement on foutait rien !

COLUCHE

*

L'enfer n'existe peut-être pas. L'enfer, c'est peut-être simplement d'être obligé d'écouter vos grands-parents respirer quand ils mangent un sandwich...

Jim CARREY

*

Le businessman américain est un monsieur qui, toute la matinée, parle de golf à son bureau et qui, le reste de la journée, discute affaires sur le terrain de golf.

Jerry LEWIS

*

Un nègre en matière de littérature, c'est un Blanc qui travaille au noir pour le compte d'un écrivain marron.

POPECK

*

À mon avis, si les critiques littéraires ne lisent pas les livres, c'est tout simplement pour ne pas être influencés dans leurs a priori.

Jean YANNE

*

On ne doit pas croire tout ce qu'on nous dit. Mais on peut le raconter...

COLUCHE

*

C'est bizarre, les gifles ne viennent jamais des personnes de qui on les attend.

Jean POIRET

*

Tout ce qui est bon selon les parents, ne l'est pas. Le soleil, le lait, la viande rouge, le collège...

Woody ALLEN

*

La seule arme que je tolère, c'est le tire-bouchon.

Jean CARMET

*

L'alcool aide à dire des conneries. Sinon, qu'est-ce que tu crois ? On se tairait !

Jean CARMET

*

On peut tout dire sur le vin mais, en général, il vaut mieux fermer sa gueule !

Gérard DEPARDIEU

*

Boire ou conduire, c'est un slogan génial. Mon père, qui n'a pas de voiture, s'est mis à boire depuis.

Jacques DUTRONC

*

Un alcoolique, c'est quelqu'un que vous n'aimez pas et qui boit autant que vous.

COLUCHE

*

Certaines dettes d'honneur mettent parfois l'honneur à bon marché et à crédit.

Pierre DAC

*

Si je bois, c'est pour rendre les autres intéressants.

W. C. FIELDS

Il y a des globules rouges, il y a des globules blancs, peut-être qu'il y a aussi des globules rosés ?

Jean CARMET

*

Il y a une majorité silencieuse en France, il paraît. Moi je trouve plutôt que les cons l'ouvrent beaucoup, mais enfin...

COLUCHE

*

J'imagine des téléphones ayant des sonneries différentes suivant la personne qui appelle. Un vilain monsieur : Vroum vroum ! Une jolie femme : Dring dring ! « Ah, ça, c'est le percepteur ! », « Ah, ça, c'est Marie ! »

Louis DE FUNÈS

*

La discrétion est ma devise. Je ne dis jamais rien. Même sur ma carte de visite, il n'y a rien d'écrit.

Groucho MARX

*

Dans le dictionnaire, le mot républicain vient juste après reptile et juste avant répugnant.

Julia ROBERTS

*

Je ne crois pas que le président Bush fasse quoi que ce soit contre le sida. Je ne suis même pas sûre qu'il sache épeler sida.

Elizabeth TAYLOR

*

Un ami, c'est quelqu'un sur qui nous pouvons toujours compter pour compter sur nous.

François PÉRIER

*

C'était Dieu, me disaient les curés, qui amenait la lumière quand on appuyait sur un bouton. Alors moi, je rectifiais : « Euh, non, c'est l'électricité ! » J'ai donc été assez vite chassée du catéchisme.

Valérie LEMERCIER

*

Dieu n'a ni carte d'identité, ni passeport, ni carte de Sécurité sociale, ni carte bleue, ni carte American Express, ni carte du Diner's Club, ni acte de naissance, ni acte de baptême, ni acte de décès, ni livret militaire, ni carnet de santé. Ni carte d'électeur ! Dieu est CIVILEMENT MORT !

Daniel PRÉVOST

*

Dieu ? Faut y croire pour le voir !

Jean YANNE

*

Au journal de 20 heures, j'ai assisté à un tour de magie époustouflant... En pleine guerre au Proche-Orient, à l'heure où le génocide tchetchène se porte bien, merci, alors que les trottoirs abriteront bientôt autant de clodos que de poubelles, et tandis que la flamme sahraouie continue de se consumer dans l'indifférence générale, le journal s'est ouvert par : « L'heure est grave, la nouvelle vient de tomber, c'est une catastrophe qui éclipse bien sûr tout le reste de l'actualité : à la veille du match, Zinedine Zidane a mal au genou... » Le bordel planétaire avait disparu derrière une rotule ! C'est pas de la magie, ça ?

Pierre RICHARD

*

Le gouvernement fait beaucoup pour aider les handicapés. Il a rendu les cinémas accessibles aux handicapés physiques, la télévision accessible aux handicapés mentaux.

Patrick TIMSIT

*

Il y a deux sortes de justice : vous avez l'avocat qui connaît bien la loi, et l'avocat qui connaît bien le juge !

COLUCHE

*

Je vais consulter mon avocat, et s'il accepte de s'occuper de mon affaire, je change d'avocat.

Groucho MARX

*

Contrairement à l'immense majorité des intellectuels, le riz, pour être cultivé, exige une certaine chaleur.

Antoine DE CAUNES

*

Pourquoi, en vacances, s'obstine-t-on à choisir douze cartes postales différentes, alors qu'elles sont destinées à douze personnes différentes ?

Sacha GUITRY

*

Le bois de Boulogne est le seul endroit où, quand tu donnes un coup de pied dans un buisson, il te le rend.

POPECK

*

Quand mes parents émigrèrent d'Irlande pour chercher fortune en Amérique, ils vivaient avec l'idée que, là-bas, les rues étaient pavées d'or. Dès son arrivée, mon père fit trois constatations : 1) Les rues n'étaient pas pavées d'or. 2) Elles n'étaient même pas pavées du tout. 3) Pour les paver, on comptait sur lui.

Burt LANCASTER

Le destinataire d'une lettre a toujours un énorme avantage sur l'expéditeur. Il peut la lire et la détruire en moins de temps qu'il n'en faut pour l'écrire.

Groucho MARX

*

Aux USA, quelqu'un qui s'intéresse à la culture européenne, c'est un intellectuel. En Europe, quelqu'un qui s'intéresse à la culture américaine, c'est un attardé !

COLUCHE

*

Je suis allé à l'aéroport. J'avais mes trois valises. J'ai demandé à ce qu'on envoie une à Toronto, une à Cleveland et la dernière en Floride. Le responsable m'a dit que ce n'était pas possible. Je lui ai répondu : « Vous y êtes bien arrivé la dernière fois ! »

Patrick TIMSIT

*

Les Suisses ont su construire un très beau pays autour de leurs hôtels.

Jean POIRET

*

Les vacances, c'est la période qui permet aux employés de se souvenir que les affaires peuvent continuer sans eux.

POPECK

*

Aujourd'hui, le poisson est considéré comme pourri dès qu'il sent le poisson, la viande comme avariée dès qu'elle sent la viande.

Jean YANNE

*

Si l'administration militaire était bien faite, il n'y aurait pas de Soldat inconnu.

Louis JOUVET

*

L'intelligence militaire est une contradiction dans les termes.

Groucho MARX

*

S'il n'y avait pas les guerres, plus personne ne connaîtrait sa géographie.

Robert LAMOUREUX

Dans une guerre, c'est toujours l'adversaire qui commence.

Francis BLANCHE

*

— Nous sommes tous frères !
— Et ta sœur !

Daniel PRÉVOST

*

Les chevaux ont un bon sens qui les dissuade d'engager des paris sur des humains.

W. C. FIELDS

*

Le Trésor public fait de plus en plus de retenues à la source. J'attends l'étape suivante, quand le percepteur viendra demander du fric directement aux mecs qui vont bosser le matin. On paie, sinon on ne peut pas aller travailler.

Jean YANNE

*

Si l'homme descend du singe, il peut aussi y remonter.

Buster KEATON

*

C'est curieux, cette habitude qu'ont les hommes de rentrer leur ventre quand ils se pèsent. À moins que ce soit pour voir la balance...

Michel GALABRU

*

L'estomac a deux utilisations. Il contient votre dîner et, ce qui n'est pas le moins important, sert à retenir votre pantalon.

Groucho MARX

*

J'aime beaucoup la cuisine chinoise. Mon plat préféré est le numéro 27.

Jim CARREY

*

Je déteste les huîtres à la lavande.

Jacques DUTRONC

*

Un hot dog à la fête foraine est meilleur qu'un steak au Ritz.

Humphrey BOGART

*

Mille cinq cents oies du Périgord ont entamé une grève de la faim à quelques jours de Noël. On ignore encore les causes d'une telle décision.

Daniel PRÉVOST

*

Il y a des gens qui augmentent votre solitude en venant la troubler.

Sacha GUITRY

*

On raconte que je dis tout haut ce que les gens pensent tout bas, c'est vrai. Mais la vraie question, c'est : pourquoi les gens pensent tout bas au lieu de penser tout haut ? Remarque, je préfère qu'ils pensent tout bas, sinon je sais pas de quoi je vivrais !

COLUCHE

*

Il est une façon infaillible d'arriver à connaître les bons et les mauvais côtés de quelqu'un : être entassés ensemble sur un petit voilier d'une sécurité incertaine.

David NIVEN

*

Au restaurant, je préfère être mal servi. Ça m'économise un pourboire.

Michel GALABRU

*

Contre le camp de la majorité silencieuse, j'ai choisi celui de la minorité bavarde.

Guy BEDOS

*

Dans votre ascension professionnelle, soyez toujours très gentil envers ceux que vous dépassez en montant. Vous les retrouverez au même endroit en redescendant.

Woody ALLEN

*

J'ai passé un accord avec les mouches. Elles ne s'occupent pas de faire des affaires. Moi, je ne marche pas au plafond.

Groucho MARX

*

Qu'est-ce qu'il faut faire lorsqu'on se trouve devant un animal d'une espèce protégée en train de manger une plante d'une espèce protégée ?

Jim CARREY

*

Il y a trois choses dans la vie que je ne supporte pas : le café brûlant, le champagne tiède et les femmes froides.

Orson WELLES

L'homme est l'animal qui met le plus de temps à se nourrir par lui-même.

Jean RENO

*

Lors d'un dîner chez Castel, chacun de nous devait inviter un con. Un de nos invités est arrivé en retard en disant : « Je ne sais pas ce qui s'est passé, j'ai été invité au moins par dix personnes ! »

Jean-Paul BELMONDO

*

Si les Anglais ont inventé beaucoup de sports, c'est que, dès qu'ils se sentent dépassés dans l'un d'eux par une nation étrangère, ils en inventent un autre.

Peter USTINOV

*

Je ne mange plus guère de produits naturels frais. À mon âge, on a surtout besoin de conservateurs !

Michel GALABRU

*

Si le gouvernement créait un impôt sur la connerie, il serait tout de suite autosuffisant.

Jean YANNE

*

Un homme du monde qui veut ses amis conserver, doit accepter d'à quelques règles se plier pour ses connaissances inviter...

Benoît POELVOORDE

*

Penser à l'avenir, c'est toujours avoir un œil sur le passé d'un autre.

Pierre BRASSEUR

*

Dis-moi qui tu fréquentes, je te dirai qui tu hais !

Francis BLANCHE

*

Technocrates, c'est les mecs que, quand tu leur poses une question, une fois qu'ils ont fini de répondre, tu comprends plus la question que t'as posée.

COLUCHE

*

Quand j'étais en Afrique, j'ai tué un éléphant en pyjama... Ce que cet éléphant faisait en pyjama, je ne l'ai jamais su.

Groucho MARX

*

Non, non ! N'être jamais parmi ceux qui haïssent. Tâcher d'être parmi ceux que l'on hait. On y est en meilleure compagnie.

Sacha GUITRY

*

Quand on est vraiment méchant, il faut souhaiter le paradis à ses ennemis. Comme ça, on est sûr de ne plus jamais les croiser.

Patrick SÉBASTIEN

*

Derrière chaque homme qui a réussi, on trouve une femme dévouée et une belle-mère incrédule.

Jean POIRET

*

Bien sûr qu'il y a des gens honnêtes, sincèrement droits, sur lesquels on peut compter jusqu'à la mort. Mais ils ne sont pas drôles. Tandis qu'une crapule...

Robert LAMOUREUX

*

La vie se divise en deux catégories : l'horreur et le malheur.

Woody ALLEN

*

Bien que chacun estime avoir droit au bonheur, la plupart des gens entrent inconsciemment dans le malheur comme on entre en religion.

Pierre DAC

*

Selon les statistiques, il y a une personne sur cinq qui est déséquilibrée. S'il y a quatre personnes autour de toi et qu'elles te semblent normales, c'est pas bon.

Jean-Claude VANDAMME

*

Les dictionnaires sont des entreprises douteuses dans lesquelles on s'attache chaque année à supprimer de jolis mots que plus personne ne connaît pour les remplacer par des mots laids que tout le monde connaît.

Jean YANNE

*

« J'explose vite, mais ça ne dure pas plus d'une minute ! », me dit un étudiant. « Tout comme la bombe atomique, lui répondis-je. Mais pense aux dégâts ! »

Spencer TRACY

*

L'erreur est humaine, mais qu'est-ce que c'est bon !

Mae WEST

*

Une petite fille devient une femme quand elle commence à dire du mal de ses poupées.

Patrick SÉBASTIEN

*

J'ai appris à aimer certains hommes par le mal que j'en avais entendu dire par d'autres hommes que je n'aimais pas.

Sacha GUITRY

*

Le problème avec les gens qui n'ont pas de vices, c'est qu'en général, on peut être sûr que leurs vertus sont d'un ennui mortel...

Elizabeth TAYLOR

*

Il y a en art une catégorie de joies supérieures, si profondes et si hautes que l'on est à jamais l'obligé de celle ou de celui qui vous les a données.

Sacha GUITRY

*

En médecine, la mode change aussi souvent qu'en haute couture. Le médicament miracle d'aujourd'hui sera le poison mortel de demain.

Groucho MARX

*

Il faut se méfier de la psychanalyse. Elle a un effet secondaire : tu deviens pauvre.

Patrick TIMSIT

*

Et si ce fumier de Charles Martel n'avait pas combattu et arrêté les Arabes à Poitiers, notre choucroute alsacienne aurait peut-être meilleur goût, qui sait ? Notre choucroute aurait enfin le goût du couscous ! Et qui s'en plaindrait ? On mangerait alors aujourd'hui une choucroute aux pois chiches et aux raisins de Corinthe. Et qui s'en plaindrait ? Pas moi, car j'adore le couscous et j'ai horreur de la choucroute.

Daniel PRÉVOST

*

Elle a beaucoup de cordes à son arc... Hélas, elle n'a pas d'arc.

François PÉRIER

*

J'ai passé une excellente soirée. Mais ce n'était pas celle-ci.

Groucho Marx (à une maîtresse de maison)

*

Lorsque le couperet de la justice se met en travers de son chemin, l'homme du monde se doit de changer de trottoir.

Benoît Poelvoorde

*

Les hommes naissent libres et égaux... après, ils se démerdent.

Jean Yanne

*

Si le monde explose, la dernière voix audible sera celle d'un expert, disant que la chose est impossible.

Peter Ustinov

LA VIE
D'UN HONNÊTE HOMME

Je n'ai pas de mémoire, je n'ai que des souvenirs.

Jeanne MOREAU

*

J'ai caché mon intelligence derrière un décolleté profond.

Marylin MONROE

*

Se regarder dans un miroir n'a pas grand-chose à voir avec l'étude de la vie.

Lauren BACALL

*

Je ne resterai jamais qu'un clown. Cela me situe bien au-dessus du niveau des politiques.

Charles CHAPLIN

*

Je fais très bien trois choses : mon métier, les conneries et les enfants.

Alain DELON

*

Je me félicite souvent de ne pas être devenu une superstar. Ma vieille pudeur celto-provinciale n'aurait pu soutenir un trop-plein d'engouement.

Jean ROCHEFORT

*

J'ai un très mauvais fond. Mais je dis à tout le monde que je suis sympathique pour qu'on le répète.

Jean POIRET

*

La masturbation, c'est la seule façon de faire l'amour avec quelqu'un qu'on aime vraiment bien.

Woody ALLEN

*

Je n'ai jamais aimé quelqu'un autant que moi-même.

Mae WEST

*

Ne me confiez pas de secrets, je les répéterai sous la torture.

Jean CARMET

*

Soyez aussi impitoyable que possible à mon égard : vous me rendrez justice.

Richard BURTON

*

Je n'ai jamais été très optimiste. À tel point que j'ai toujours hésité à m'abonner pour plus d'un an à un magazine.

Jacques DUTRONC

*

Je suis un anarchiste calme.

Michel BOUQUET

*

Je suis un énorme paquet de conneries tendres.

Maria PACÔME

*

Je crois qu'on ne peut rêver que si on a les pieds sur terre. Plus les racines sont profondes, plus les branches sont porteuses.

Juliette BINOCHE

*

Je suis arythmomaniaque, c'est pourtant un mot au-dessus de ma condition.

Jean CARMET

Je boirai du lait le jour où les vaches mangeront du raisin.

Jean GABIN

*

Les deux accessoires indispensables à la vie sont le soleil et le lait de coco.

Dustin HOFFMAN

*

Un bon exutoire : je dessine un bonhomme très costaud, je l'insulte et je l'efface aussitôt pour ne pas qu'il riposte.

Louis DE FUNÈS

*

Il faut haïr très peu, car c'est très fatigant.

Sarah BERNHARDT

*

Je suis né quand tu m'as embrassé. Je suis mort quand tu m'as quitté. J'ai vécu quelques semaines, le temps que tu m'aimes.

Humphrey BOGART

*

Si vous ne pratiquez aucun sport et que vous ne suivez aucun régime, ce qui est mon cas, la meilleure façon de garder la forme, c'est d'être bilieux.

Jean POIRET

*

Mieux vaut 50 % de gens qui ne vous aiment pas, plutôt que 100 % qui ne vous connaissent pas.

POPECK

*

La liberté, c'est la faculté de choisir ses contraintes.

Jean-Louis BARRAULT

*

Dans la vie, il faut en avoir où je pense, et de préférence les siennes.

Louis JOUVET

*

Dieu est mort, Marx est mort et moi-même, je ne me sens pas très bien...

Woody ALLEN

*

Ceux qui me reprochent un ego gigantesque peuvent toujours le faire, mais dans mon dos, comme disait Flaubert, car mon cul alors les contemple.

Fabrice LUCHINI

*

Entre un être humain et moi, il n'y a pas une grande différence.

Daniel PRÉVOST

*

Ris et le monde rit avec toi. Pleure et tu pleures toute seule.

Jane BIRKIN

*

Celui qui sait rire de lui-même ne cessera jamais de s'amuser.

Shirley MAC LAINE

*

Une journée sans fou rire est une journée perdue.

Charles CHAPLIN

*

Je suis toujours à l'heure à mes rendez-vous. Comme ça, je peux repartir plus vite.

Jacques DUTRONC

Je travaille tant que je peux. Seul le sommeil m'empêche de réaliser mes rêves.

Jean POIRET

*

Parler pour ne rien dire, marcher pour ne pas avancer. Vaut mieux se taire et rester assis.

Raymond SOUPLEX

*

Je me suis lancé dans la méditation. C'est mieux que de rester bêtement assis par terre sans rien faire.

Jean YANNE

*

Que la fête commence : Je jouais un évêque qui grimpait sur les tables en faisant le chimpanzé. Je me revois avec ma calotte et ma soutane, poussant des cris de singe ! Je rejoignais tout ce que j'aimais ; être cureton et simiesque !

Jean ROCHEFORT

*

Le peu que je sais, c'est à mon ignorance que je le dois.

Sacha GUITRY

*

J'ai mis bien plus de moi-même dans mes mémoires que dans tous mes mariages. On ne divorce pas d'un livre.

Gloria SWANSON

*

Mon moi a disparu. Il existait, mais je l'ai fait disparaître chirurgicalement.

Peter SELLERS

*

Je détesterais faire partie de la ligue antialcoolique. Imaginez un peu : se lever le matin en sachant que l'on va se sentir toute la journée dans le même état...

Dean MARTIN

*

Je ne soutiens aucune cause. J'ai déjà suffisamment de mal à me soutenir moi-même. J'envisage d'ailleurs de faire une demande de soutien pour moi. Ceux qui souhaitent m'envoyer de la vitamine C ou du beaujolais sont les bienvenus.

Jean POIRET

*

Je plains les gens petits : ils sont les derniers à savoir quand il pleut.

Peter USTINOV

*

Quand on est petit, on se bute tout le temps dans des gens très grands.

Louis DE FUNÈS

*

J'aime les enfants, oui. Mais je leur adresse un reproche : ce sont de futures grandes personnes.

Francis BLANCHE

*

Raisonnable ? Quelle horreur ! J'ai compris un jour que, même mûre, je ne serais jamais une grande personne...

Catherine DENEUVE

*

Je ne serais pas devenu sage sans avoir largement déraisonné avant.

Daniel GÉLIN

*

J'avais des bonnes relations avec mes parents. Ils me battaient très rarement. Je crois qu'ils m'ont battu une seule fois, en fait, dans toute mon enfance. Ils ont commencé à me battre le 23 décembre 1942 jusqu'à la fin du printemps 1944.

Woody ALLEN

*

Pendant longtemps, j'ai cru que j'étais un enfant de l'amour. Maintenant, je m'aperçois que je ne suis que le petit fœtus d'une grande passion.

Pierre BRASSEUR

*

Ma mère aimait les enfants. Elle m'aurait tout donné si j'en avais été un.

Groucho MARX

*

Un homme qui n'aime ni les petits chiens ni les enfants ne peut pas être foncièrement mauvais.

W. C. FIELDS

*

Devenir un vieillard déraisonnable serait la plus belle revanche à donner à l'adolescent coincé que j'ai été.

Jean ROCHEFORT

Je n'ai jamais voulu avoir d'enfants, de peur de faire un petit soldat, un militaire, un tueur. On n'est jamais sûrs...

ARLETTY

*

Ma mère voulait que je fasse gaffe, qu'il m'arrive rien. Mais qu'il arrive rien, c'est ce qui peut arriver de pire quand on est gosse.

COLUCHE

*

N'ayant pas eu d'enfants, je suis toujours un fils.

Sacha GUITRY

*

Je suis un homme heureux. Mais il ne faut pas le répéter, ça ferait des jaloux.

Jean POIRET

*

Mes études ont vraiment été très... secondaires. Et pour mon bagage intellectuel, j'ai jamais eu besoin de porteur.

Maurice BIRAUD

*

Ce que j'ai fait au lycée ? Je suis passé de 1,60 m à 1,84 m.

Gregory PECK

*

À l'école, j'ai triché à mon examen de métaphysique. J'ai regardé dans l'âme du garçon assis à côté de moi.

Woody ALLEN

*

Quelle enfance heureuse aurait été la mienne s'il n'y avait pas eu l'école, où rien ne m'intéressait ! « Paresseux, inattentif » traduisaient parfaitement une incapacité maladive, dont je souffre encore aujourd'hui, à me concentrer ne fût-ce qu'une minute sur ce qui ne m'amusait pas. « Peut mieux faire » ne figura jamais dans les marges de mes cahiers, la formule comportant un espoir que mes maîtres n'entretenaient pas.

Robert LAMOUREUX

*

Je reconnais que j'ai un goût excessif pour le secret. Je trouve que moins on dit de choses, mieux c'est. Je peux très bien aller à des soirées où je ne dis pas un mot. On a dû me prendre pour une imbécile.

Catherine DENEUVE

*

On dit souvent que la beauté est intérieure. Mais dans une soirée mondaine, les gens ne voient pas votre cerveau.

James CAAN

*

Avec un fromage blanc en guise de visage et un gros nez au milieu, je me suis longtemps détesté.

Philippe NOIRET

*

Mes jambes ne sont pas si belles que ça. Je sais simplement quoi en faire.

Marlene DIETRICH

*

Une rousse, c'est différent de tout le monde. Au Moyen Âge, on brûlait les roux. Dans l'imaginaire, les rousses sont comme les renardes : elles mordent, mais elles sont douces à caresser.

Isabelle HUPPERT

*

J'ai des yeux de cochon mort.

Marlon BRANDO

*

Les mots les plus doux à entendre ne sont pas du tout « je t'aime », mais : « c'est bénin ».

Woody ALLEN

Je ne te dirai pas combien je pèse, mais un conseil : ne prends jamais l'ascenseur avec moi. Sauf si tu veux descendre.

Jack E. LEONARD, surnommé « Fat » Jack

*

J'ai fait un régime pendant deux semaines... Vous savez combien j'ai perdu ? Deux semaines !

Josiane BALASKO

*

— Je suis deux régimes en même temps.
— Pour maigrir plus vite ?
— Non, parce qu'avec un seul, je n'avais pas assez à manger.

COLUCHE

*

J'ai du mal à écrire à la campagne. Le soleil baisse trop tôt. C'est mauvais pour le comique.

Jean POIRET

*

Je n'aime pas faire de l'exercice. Je préfère m'atrophier.

Woody ALLEN

Si l'on ne veut être qu'à son avantage, mieux vaut choisir d'être mannequin.

Nathalie BAYE

*

Jeune, j'avais les cheveux en bataille, impossibles à domestiquer. Jean Cocteau m'a emmenée chez le coiffeur, lui disant : « Tu me la rases ! » Dans la glace, j'ai soudain vu mon frère jumeau. Les gens m'appelaient « la jolie petite gouine ».

Annie GIRARDOT

*

J'ai l'air d'un roc qu'on aurait passé à la dynamite.

Charles BRONSON

*

Avec ma gueule, il n'y a que les putes qui veulent de moi, et les bêtes qui m'aiment. Mais il vaut mieux avoir une sale gueule que pas de gueule du tout.

Michel SIMON

*

Mon visage ? On dirait le derrière d'un éléphant.

Charles LAUGHTON

*

Les gens croient que je suis le genre de brute à me raser au chalumeau. En fait, je suis un rat de bibliothèque très austère.

Burt LANCASTER

*

Je me suis fait refaire le nez pour ne pas finir par ressembler à Coluche.

Josiane BALASKO

*

Vous ne trouvez pas que je ressemble à Donald Duck ?

Michelle PFEIFFER

*

Le jour de mon mariage, j'avais l'air d'un grand homosexuel suédois...

Philippe NOIRET

*

Dieu a inventé la calvitie pour rendre les hommes plus humbles.

Bruce WILLIS

*

Pour éviter la chute des cheveux ? Je fais un pas de côté.

Groucho MARX

*

Le problème avec la beauté ? C'est un peu comme être né riche et sombrer peu à peu dans la misère.

Joan COLLINS

*

J'ai eu une période de rancœur envers Kim Novak. Mais c'est terminé, nous sommes devenues amies. Il m'arrive même de lui demander ses trucs de beauté.

Kim NOVAK

*

La meilleure crème de beauté, c'est la bonne conscience.

ARLETTY

*

Tous les hommes que j'ai connus se sont endormis avec Gilda... et réveillés avec moi.

Rita HAYWORTH

*

Sur Johnny Hallyday : Tournage de *L'Homme du train*, notre hôtel est dans la banlieue d'Annonay, autant dire le bout du monde, surtout pour lui. Il est 21 heures. Nous dînons avec son photographe et son préparateur physique dans une salle à manger faussement luxueuse, suréclairée avec des néons partout. Un séminaire de trente garçons avec attaché-case, ventre encore plat, cravate, entre dans la salle à manger. Ils s'installent. Les chaises grincent. On rigole, quand l'un d'eux pose son regard sur nous et voit... Johnny. Silence complet, chuchotements, les types passent leur temps à se planter leur fourchette dans la joue parce qu'ils le fixent. Pour eux, c'est un grand événement. Johnny reste lui-même et, au cours de la discussion, il me dit : « Dis donc, Jean, ma femme descend vendredi prochain. Elle m'a fait un potage au potiron. Tu veux qu'elle t'en descende un Thermos ? » Les trente types ont été détruits par cet aveu ! Les fourchettes sont retombées. C'était foutu. Johnny serait comme nous ?

Jean ROCHEFORT

Je ne joue que des filles que j'aurais envie de draguer.

Angelina JOLIE

*

Je suis un gentleman de cœur.

Marlene DIETRICH

*

Plaire, c'est facile, il suffit d'avoir le courage de surmonter ce plaisir reposant qui consiste à ne penser qu'à soi, ou tout au moins à faire semblant.

Pierre BRASSEUR

*

Que l'on meure gros ou maigre, la différence, c'est pour les porteurs.

Peter USTINOV

*

Ma mort ne m'inquiète pas. J'aimerais simplement ne pas être là lorsque ça se produira.

Woody ALLEN

*

Ce matin, j'ai lu dans le journal : « Peu de gens meurent passé cent ans. » Ils font quoi alors ?

Michel GALABRU

*

Je me sens femme moi-même, donc je n'ai pas besoin espérer en être une. Le phallus me semble anecdotique. J'aime les femmes fortes et puissantes qui voient bien le côté pathétique du phallus.

Fabrice LUCHINI

*

Le secret de ma bonne santé, c'est ma tempérance. Je n'ai ni bu d'alcool ni fumé le cigare avant l'âge de neuf ans.

W. C. FIELDS

*

Un seul verre me suffit pour être saoul, mais je ne sais jamais si c'est le treizième ou le quatorzième.

Groucho MARX

*

Je bois pour calmer mes nerfs. Hier soir, je les ai tellement calmés que je ne pouvais plus bouger.

Jacques DUTRONC

*

À l'éternelle triple question toujours demeurée sans réponse : « Qui sommes-nous ? D'où venons-nous ? Où allons-nous ? », je réponds : « En ce qui me concerne personnellement, je suis moi, je viens de chez moi et j'y retourne. »

Pierre DAC

*

Si je ne suis pas devenu prêtre, c'est à cause des vœux de chasteté.

Michel SERRAULT

*

Quand je suis tiraillée entre deux démons, je choisis celui que je n'ai jamais essayé.

Mae WEST

*

Je suis bien forcé de dire que j'ai du génie pour que les autres répètent que j'ai du talent.

Sacha GUITRY

*

Quand on est seul, ce que l'on a d'amis, et comme ils savent nous parler !

Pierre BRASSEUR

*

Moi, je n'ai pas d'amis. C'est trop fatigant d'être aimable.

Jean Gabin

Tout le monde s'accorde à dire que je ne suis pas un génie. Mais personne n'a jamais prétendu que j'en étais un !

Orson WELLES

*

Je ne sais plus pourquoi j'ai arrêté de boire. Je devais être bourré ce jour-là.

Jacques DUTRONC

*

Quand on parle à Dieu, c'est une prière. Quand c'est lui qui nous parle, c'est de la schizophrénie.

Jim CARREY

*

Plus j'en apprends sur les religions, plus je me rends compte que l'homme ne vénère personne d'autre que lui-même.

Richard BURTON

*

Quand me suis-je rendu compte que j'étais Dieu ? Eh bien, j'étais tranquillement en train de prier, lorsque je me suis aperçu que je me parlais à moi-même.

Peter O'TOOLE

LE CIEL PEUT ATTENDRE

Maintenant, je suis un vieil arbre de Noël, dont les racines sont mortes. Et à mesure que je perds mes épines, on me les remplace par des décorations.

Orson WELLES

*

Quand j'étais jeune, j'avais un visage lisse et une robe plissée. Maintenant, c'est l'inverse !

Françoise ROSAY

*

L'âge mûr est le plus beau de tous. On est assez vieux pour reconnaître ses erreurs passées, mais encore assez jeune pour en commettre de nouvelles.

Maurice CHEVALIER

*

La vieillesse : d'abord on oublie les noms, puis les visages, puis on oublie de fermer sa braguette, puis on oublie de l'ouvrir.

COLUCHE

*

Plus je vieillis, moins j'apprécie la qualité d'âge de mes vins.

Michel SIMON

*

La retraite, j'ai peur de m'ennuyer. En jardinage, je n'y connais rien, je ne supporte pas les caniches nains et je ne m'intéresse pas à la météo.

Patrick TIMSIT

*

Je vais faire un dictionnaire des maux usuels. Pas pour soigner les maladies mais pour les contracter. Il n'existe que des ouvrages où l'on apprend comment guérir des maladies mais aucun où l'on apprend avec certitude à les attraper.

Jean POIRET

*

À vingt ans, ne souriez pas ; ça donne des rides. À quarante ans, souriez, cela les fait oublier.

Marlene DIETRICH

*

Cacher son âge, c'est supprimer ses souvenirs.

ARLETTY

*

Une fois que tu as passé quarante ans, tout devient urgent.

Michel BLANC

*

Tout le monde peut devenir vieux. Il suffit de vivre assez longtemps.

Groucho MARX

*

Avoir des petits-enfants ne signifie pas forcément qu'on est vieux. Mais ça veut dire qu'on est marié à une grand-mère.

FERNANDEL

*

À soixante-dix ans, il est meilleur pour la santé d'avoir des femmes dans la mémoire que sur les genoux.

Maurice CHEVALIER

*

Écrire ses mémoires n'est cohérent que si on se tue à la fin.

Guy BEDOS

*

On ne pardonne pas aux femmes de vieillir. Les rides ? Chez Robert Redford, on appelle ça des marques de distinction ; chez moi, ce sont des marques de vieillissement.

Jane FONDA

*

Dix fois, les journalistes ont annoncé ma mort. Sur ma tombe, il faudra écrire : « Encore ! »

Jacques DUTRONC

C'est triste de vieillir ! Myope et presbyte à la fois, il va falloir que je porte des lunettes à double foyer. Je suis bigame des yeux.

Guy BEDOS

*

On réalise qu'on a vieilli quand on peut vivre sans sexe mais plus sans lunettes.

Robert LAMOUREUX

*

On cesse d'être jeune quand on commence à être obsédé par le thermostat.

FERNANDEL

*

La vie est une maladie mortelle sexuellement transmissible.

Woody ALLEN

*

Les vieux adorent manger des cacahuètes. Ça leur rappelle leurs dents.

Jean YANNE

*

Dans les hôpitaux, ce sont plus les visiteurs que les malades qui font des gueules d'enterrement.

Jacques DUTRONC

*

Si votre heure n'est pas venue, même un médecin ne réussira pas à vous tuer.

Jerry LEWIS

*

Du jour où j'ai su qu'on pouvait avoir mal quelque part, j'ai eu mal partout.

Patrick TIMSIT

*

Ces mains qui fermeront mes yeux et ouvriront mes armoires.

Sacha GUITRY (à propos de sa dernière épouse, bien plus jeune que lui)

*

Quand on a la santé, c'est pas grave d'être malade.

Francis BLANCHE

*

C'est par peur de la mort que je pense au suicide.

Michel BLANC

*

Ah non, incinérée, c'est hors de question, je ne supporte pas la chaleur.

Muriel ROBIN

*

Si je vois venir la mort, j'aurai la politesse d'être assez odieux pour qu'on ne me regrette pas trop.

Guy BEDOS

*

La différence entre le sexe et la mort, c'est que mourir, vous pouvez le faire seul et personne ne se moquera de vous.

Woody ALLEN

*

Chaque fois que je fume un de ces trucs-là (la cigarette), c'est un clou de plus pour mon cercueil.

Humphrey BOGART

*

Passé quarante ans, si on n'a mal nulle part, c'est qu'on est mort.

Michel BLANC

L'expérience en petit de la mort, ce sont les anesthésies. Finalement, c'est une bonne école. On devrait penser à se faire faire de temps à autre des anesthésies générales afin de bien s'y préparer.

Jean POIRET

*

Infarctus, c'est le seul mot irrégulier de la langue française : un infarctus, des obsèques.

Francis BLANCHE

*

Je préfère l'incinération à l'enterrement, et les deux à un week-end avec ma famille.

Woody ALLEN

*

Je désire être incinéré et je veux que 10 % de mes cendres soient versés à mon imprésario.

Groucho MARX

*

Je ne veux pas accéder à l'immortalité par mon œuvre, je veux y accéder en ne mourant pas.

Woody ALLEN

Mourir, c'est vraiment la dernière chose à faire !

Jean YANNE

*

On ne sait pas de quoi il est mort. D'ailleurs, on ne savait pas de quoi il vivait.

COLUCHE

*

Il faut rire de la mort ! Surtout quand c'est celle des autres.

Guy BEDOS

*

Une année de plus, c'est toujours une année de moins.

Patrick BRUEL

*

La mort est un état de non-existence. Ce qui n'est pas n'existe pas. Donc la mort n'existe pas.

Woody ALLEN

*

Nier Dieu, c'est se priver de l'unique intérêt que peut avoir la mort.

Sacha GUITRY

*

Les morts ont de la chance. Ils ne voient leur famille qu'une fois par an, à la Toussaint.

Pierre DORIS

*

Je supporterais mal d'être enterré à côté de gens à qui je n'ai même pas été présenté.

Groucho MARX

*

Quand je serai mort et enterré, sur ma tombe, je veux qu'on écrive : « Je suis arrivé ». Parce que lorsqu'on se croit arrivé, c'est qu'on est mort.

Yul BRYNNER

*

Celui qui dit qu'il est arrivé, c'est qu'il n'est pas allé bien loin.

Jean CARMET

*

L'éternité, c'est long, surtout vers la fin.

Woody ALLEN

*

La vie est simple. La mort est tranquille. C'est la transition qui laisse à désirer.

Michel GALABRU

*

Le dernier quart d'une vie, il ne faut pas le rater. Parce que les gens restent sur cette impression.

Jean POIRET

*

Le côté positif de la mort, c'est qu'on peut l'être en restant couché.

Woody ALLEN

TABLE

Le ruisseau des singes
Jean-Claude Brialy

Situé au creux d'une vallée, près de Blida, en Algérie, le ruisseau des singes est un endroit magnifique. Mais avant d'y arriver, il faut parcourir de longs kilomètres en voiture... Jean-Claude Brialy n'a jamais oublié cette expédition qu'il faisait enfant avec ses parents. Ce souvenir est, en quelque sorte, devenu la métaphore de toute sa vie. D'autant que son père, longtemps opposé à sa carrière de comédien, lui répétait : « Quand tu seras grand, que tu auras fini tes études, tu feras ce que tu voudras. Et même le singe, si tu veux ! »

(Pocket n° 11266)

Souvenirs, souvenirs

J'ai oublié de vous dire

Jean-Claude Brialy

Après *Le ruisseau des singes*, Jean-Claude Brialy nous invite une nouvelle fois à partager les moments précieux de son existence, ses rencontres et ses amitiés. Il nous raconte Noureiev, Gabin, Arletty, se remémore des dîners, des fêtes, des tournages mythiques... C'est l'histoire d'une vie bien remplie, avec ses folies, ses tristesses et ses colères. Un grand nom du cinéma français se livre avec pudeur et sincérité, pour notre plus grand plaisir.

(Pocket n° 12559)

Achevé d'imprimer sur les presses de

BUSSIÈRE

GROUPE CPI

à Saint-Amand-Montrond (Cher)
en mai 2008

POCKET - 12, avenue d'Italie - 75627 Paris Cedex 13

— N° d'imp. : 80673. —
Dépôt légal : mai 2008.

Imprimé en France